Didier SIMBA

AF142874

MOI, PRESIDENT

Du plus grand réseau d'ingénieurs
issus du Gabon

A toi…

Candy

Tu es ma sœur de sang
Et tu sais combien je t'aime
Plusieurs années déjà se sont écoulées
Tu es et demeures la surface de mon iris

Tu es ma sœur de sang et qu'importe le
temps, je serais toujours présent
Tu es ma sœur de sang et qu'importe les
vents, je parlerais de toi au présent
Tu es admirable extérieurement et belle
intérieurement
Tu es une page importante de ma vie et
une amie sincère

*Je ne trouvais pas les mots justes pour
m'ouvrir à toi*

*Voilà que de cette plume zélée, j'ai couché
mes émotions enjouées
Il m'a fallu du courage
Pour te l'annoncer sans que cela ne se
propage
Il m'a fallu lever mon regard
Vers la force d'hardiesse qui te
caractérise
Pour parler sans maux d'orage de toi
Candy
Tu es celle par qui, mon aplomb a érigé un
dessein de destin
Aujourd'hui en témoignage d'âme
Reçois le diadème de ma gratitude
pérenne.*

« *Va mon fils, fais ce que tu as à faire,*

fais sortir ton avenir du trou ou il se terre »

-Movaizhaleine-

MOI, PRESIDENT

Du plus grand réseau d'ingénieurs issus du Gabon

I

ENFANCE

Loin, se dessinent en souvenir d'émoi, les images d'une enfance bienheureuse.

Ces quelques rayons de soleils sur ma tête de moutard hardi, me rappelaient l'enfant timide et réservé que j'étais. Cinquième d'une famille de dix enfants, ne faisait pas de moi, un gamin si différent des autres garçons de la famille. Mais, j'étais né SIMBA Didier, un 15 Mars 1983, à Libreville au Gabon. Je gardais précieux ces quelques souvenirs de moi qui me revenaient en cliché. De cette enfance dure, malaisée, quand souffrance rimait avec persévérance. Nous dormions à plusieurs dans une chambre étroite. Modestes étaient mes parents et lorsque sifflaient les fins de mois ardues dans la maison parentale, je me forgeais un caractère de combattant. Je n'avais pas peur de boire les difficultés que la dureté de la vie me présentait. J'étais un jeune garçon irréductible et tenace.

Des vicissitudes de la vie, j'ai appris à marcher sans fléchir le regard. Mes premiers pas d'école primaire à l'établissement public d'Awendje, furent marqués par les souvenirs chapardés à ma mémoire d'un de mes maîtres d'école, monsieur Florentin MIKALA. C'était un homme influent, grand de par sa corpulence et généreux en cœur. Il avait une âme d'homme bienveillant. Je redoutais souvent ses humeurs hargneuses quand certains élèves désobéissants venaient à l'importuner. Mais, il savait garder patience et était un bon instituteur. En cours de CM2, il avait su canaliser ses classes. De même, moraliser et surtout éduquer les élèves indociles et insoucieux que nous étions. Mais, le souvenir le plus marquant de cette période scolaire, fut en classe de CE1. Je tombai gravement malade, et fis un coma de six mois, suite à un neuro- palu. Je perdis certaines aptitudes au sortir de mon état de convalescence et je repris la classe de CE1. L'année d'après, ma petite sœur Candy et moi, partagions la même classe. Elle devint ainsi, mon soutien irrémédiable, l'appui intellectuel et l'estime model qui me forgeait confiance te détermination dans mes études.

Pour moi, elle n'était pas qu'un exemple de volonté, elle était une fille d'une intelligence indéniable, et je me confortais à dire que c'était la plus habile d'entre nous.

Je n'ai pas vécu une enfance de rêve, mais, j'avais la plus belle des familles. Modeste elle était. Car on se sent toujours mieux dans son environnement familial, près des siens, près de sa fratrie, de ses frères, de ses sœurs, quels que soient les conflits, les griefs, les différends rencontrés. J'ai toujours eu un amour indéfectible pour mes parents. Malgré la vie modeste que nous avions, nous ne manquions de rien à la maison. Mes parents étaient toujours présents. Mon père était très réservé et ma mère très maternelle, s'ouvrait toujours à nous. Nous étions cinq garçons et occupions tous une chambre commune, de même pour les filles. Dans notre famille, il existait un respect mutuel. J'étais hyper actif adolescent. Je me bagarrais très souvent avec mon grand-frère JP. Ce dernier me corrigeait à chaque fois. Malgré, le fait que je pratiquais les artsmartiaux, le kungfu en l'occurrence, je n'étais pas de taille face à lui. Le grand restait toujours le grand. J'étais très protecteur à l'égard de mes sœurs. Et je n'hésitais pas à en venir aux mains lorsque certains de mes amis d'enfance, à l'instar de Fabrice et Gérard les importunaient. La famille a toujours été pour moi, mon assise morale. J'ai été le frère dont le visage renfrogné évoquait l'appréhension. Mais, loin de ce qu'on pouvait s'imaginer, je restais le frère aimant, protecteur, plein de tendresse et d'affection pour mes sœurs qui m'ont apporté beaucoup dans le développement de ma personnalité, de l'homme que je suis aujourd'hui.

« Un jour une de mes sœurs m'avait demandé de laver son uniforme scolaire, pendant que je faisais ma lessive. Puis une autre de mes sœurs vint également me demander de laver le sien, sidéré, je pris de même son uniforme scolaire et je les lavais. Un peu plus tard, elles revinrent me retrouver en compagnie de ma mère, et d'un ton posé, me demandèrent qui, j'étais et qu'avais-je fait de leur frère ! Car, ce dernier, me dirent- elle n'aurait jamais accepté de laver leur uniforme scolaire, sachant qu'il avait toujours l'air grincheux. Puis, elles s'étaient misent à rire d'un air guilleret et fraternel. J'avais gardé un visage indifférent et quand j'eus terminé, je m'étais levé et j'étais allé dans un coin de la maison et là, j'avais rigolé à gorge déployé ». Cette petite anecdote relate la personnalité intérieure que je n'ai jamais voulue montré aux miens. Cet enfant simple, aimable et affable, ouvert aux autres, dont le visage peignait l'exaspération.

II

COLLEGE ET LYCEE

L'école a toujours été pour moi, le fondement des valeurs morales, sociales et éducatives. Je m'étais donné les moyens de réussir dans mes études et pour cela, je restais un élève très studieux, bien qu'étant très jeune, je voulais atteindre mes objectifs définis. Les années collèges furent pour moi, un pan décisif. Je découvrais l'univers des sciences, des mathématiques et la passion pour ces enseignements nouveaux se révélait à moi. Je fis mes premiers pas de collège au CES d'Awoungou, dans la commune d'Owendo. De toutes les disciplines enseignées, les mathématiques s'ouvraient à moi, comme une discipline fascinante. Pas parce qu'elles se définissaient comme une science exacte, dont les résultats demeuraient les mêmes, dans tous les pays du monde, mais surtout parce qu'elles suscitaient en moi, un intérêt dans la démarche pour arriver au résultat par exemple. Il est possible dans certains cas de passer par plusieurs raisonnements, mais le résultat final demeure le même.

Dans la vie de tous les jours cette démarche se vérifie, mais, il faut toujours choisir le chemin le plus direct. Je garde de ces premières années de collège la découverte et la passion des sciences, des mathématiques et le choix volontaire plus tard de m'orienter dans une série scientifique. Les années collèges laissaient place aux années lycées. L'adolescent que j'étais, n'avait pas changé d'avis quant aux choix de poursuivre des études scientifiques et à la passion des sciences exactes. Je me sentais grand, fort et beau. J'étais admis cette année- là en Seconde scientifique (2nd S) au Lycée scientifique de Libreville. Cette dénomination resta qu'une année seulement, puis fut rebaptisé « Lycée de l'Excellence de Libreville » et transféré à la commune d'Owendo. Ces années de doutes, d'échecs, de réussites et de perspicacité réaffirmaient mon élan et ma combativité.

Ma sœur Candy, était toujours proche de moi, et il y régnait une sorte de challenge bienséant que je m'étais imposée.

Elle était mon éblouissement, mon exemple de réussite et de courage. Depuis les classes du cours élémentaire première année, nous étions toujours proches.

Cette année- là, au Lycée d'Excellence, nous étions tous les deux en Seconde. Elle en 2nde S2 et moi en 2nde S3. Les premiers résultats de classe annoncés, Candy fut la première de sa classe et moi le quinzième sur vingt- deux élèves. J'étais très fier de ma sœur et moins ravi de mes premiers résultats. A la maison, ce jour-là, je m'en rappelle, mes parents félicitèrent Candy. Et, je surpris une conversation entre ma mère et ma sœur, cette dernière se demandait pourquoi, mes résultats scolaires étaient peu concluants. « Je ne comprends pas pourquoi, il n'y arrive pas, pourtant c'est un garçon intelligent », disait ma mère. Ce soir-là, je n'étais pas pour le moins triste, de n'avoir pas reçu félicitations et encouragements de la part de mes parents. Mais, je prenais conscience de la détermination qui était mienne, du désir inlassable de réussir dans mes études et faire la fierté de mes parents. Mais, l'année scolaire achevée, les résultats obtenus ne me permettaient pas de passer en classe supérieure. J'étais abattu. Ma sœur obtenait son entrée en 1ère S et moi, je reprenais laborieusement la 2$^{nde.}$ De cet échec, je retenais, beaucoup de choses, mais, je ne désespérais pas. Je fus transféré dans un autre établissement scolaire de Libreville, au Lycée de Sibang, où, je rencontrais deux formidables amis Ermelin et Stéphane. Je redéfinissais mes prérogatives, j'avais foi en moi, mais, la foi suffisait- elle à vaincre les doutes et les ombres obscures de ma conscience blessée par cet échec qui sonnait en moi comme une longue consternation. Je me reconstruisais intérieurement. Un sentiment d'orgueil envahissait mon égo et j'envisageai de prouver à ma sœur que malgré cet échec, j'étais son aîné et je me devais de redoubler d'effort, de surmonter cette déception et de ne pas baisser les bras. J'accueillais ma nouvelle année scolaire avec de bonnes résolutions et en tant que redoublant, j'avais certains atouts.

Je découvrais d'autres enseignants, d'autres élèves. Des amis différents et j'avais grandi en conscience. Les premiers résultats scolaires ne tardèrent pas à tomber. Heureux je fus à l'annonce de mes notes finales et d'apprendre que j'étais le premier de ma classe en 2nde et l'année qui suivait en 1ère, j'obtins des résultats encourageants qui me positionnaient parmi les meilleurs élèves de la classe. Ce fut à la fois une satisfaction personnelle mais, aussi, un pas en avant vers mes objectifs. Candy de son côté avait eu un brillant parcours et passait en Terminale D, quand, moi, je m'encourageais à être orienté pour l'année qui suivait en Terminale C, voulant me démarquer de ma sœur, car, dit-on que les élèves de la série C sont plus habiles que ceux des autres séries.

Je m'étais alors fixé pour objectif d'aller en Terminale C, et il me fallait remplir certaines conditions à savoir : obtenir une moyenne supérieure ou égale à 15/20 en Maths et en Physique et être parmi les meilleurs de la classe en résultats de fin d'année. Je gardais en mémoire quelques bribes de souvenirs de cette fin d'année scolaire- là. Je restais dubitatif quant aux heures d'absences que je totalisais. Sachant qu'avec 25 heures d'absences on était automatiquement exclu de l'établissement. Et en tant que chef de classe, je me devais d'être exemplaire. Aussi, restant prévoyant, j'avais offert au proviseur de l'établissement, un portrait de lui sur une toile. Puis, durant le conseil de classe de fin d'année, je totalisais 47 heures d'absences. Je regardais le proviseur embarrassé qui se demandait s'il devait exclure ou pas l'un des meilleurs élèves de la classe. Tellement, j'étais brillant, il décida en fin de compte de ne pas m'exclure de l'établissement. L'année terminée, je me félicitais de mes résultats, je passais en classe supérieure, nous étions seulement trois élèves admis en Terminale C et vingt- deux élèves admis en Terminale D. Tous, nous étions transférés au Lycée Paul INDJENDJET GONDJOUT (ex- Lycée d'Etat de l'Estuaire). Ce fut pour moi, une belle année scolaire, pleine d'émotion et de perspective.

En juillet 2004, je suis admis au Baccalauréat série C. Et, cette année-là, face au faible taux de réussite au Baccalauréat, le président de la République Gabonaise décida de faire une deuxième session de cet examen, la même année. En outre, deux mois plus tard, sur sélection de dossier, j'étais admis aux classes préparatoires scientifiques du Gabon, Maths Sup communément appelé La Taupe. L'expression Taupins désigne les étudiants de La Taupe.

Mon entrée en Maths Sup, redessinait mes rêves, mes objectifs et confortait mon choix d'avenir, celui d'aller en Europe et en France en particulier. Car, après deux années d'étude en Maths Sup, les portes de la France nous étaient ouvertes. Pour nous, c'était l'eldorado, le pays de tous les possibles. Et, je percevais déjà un avenir heureux plein de projets. Etre en Maths Sup, me redonnait confiance. Confiance au petit génie que j'étais devenu, confiance à la fermeté de travail que je m'étais donné. Et, désormais, je ne doutais plus de moi, je n'étais plus l'adolescent imprévoyant et pas sûr de lui.

Je regardais l'avenir avec beaucoup de
sérénité et de conviction.

III

EN TOUTE CONFIDENCE

Comme tout adolescent, j'ai eu des aventures d'amour et des mésaventures affectueuses. J'en garde une saveur suave de cette ardeur de jeunesse enhardie. Loin de mettre en péril mes études à cet âge, je restais confiant et studieux. Je fis la rencontre d'une charmante fille, au lycée. J'étais en classe de terminale et elle au collège en classe de 3ème. Péguy Lukrétia, un prénom qui transportait mon émoi.

Il n'y avait pourtant rien entre nous. Une simple relation amicale née d'un soutien scolaire. Elle m'avait sollicité par l'intermédiaire d'un ami, pour l'aider en mathématiques. L'idée ne m'avait pas déplu, car, j'aimais venir en aide à mes semblables. Elle était très jolie, certes, mais, je n'avais pas envisagé au premier abord, une relation avec elle. Nos rencontres de travail devenaient fréquentes. Elle me présenta à son petit ami, qui me dévisageait du regard avant de se rendre compte que ses soupçons étaient infondés. Une amitié sincère s'était créée avec Lukrétia, nous étions désormais très liés. Son petit ami et moi, avions fini par être très copain. On passait des week-ends conjointement. Et au décès de mon grand-frère, je l'avais convié à la maison et ma mère l'ayant vu, pensait que nous sortions ensemble. Les années ont passées, malgré les choix et les chemins divergents, nous sommes restés en contact.

Je rencontrais de même à cette période Caroline, lorsque je résidais au quartier Alibandeng à Libreville. J'avais 18 ans révolus et je vivais en colocation avec deux amis. Je vivais loin des parents, afin de me rapprocher de mon lycée. Je passais cette année l'examen fatidique du baccalauréat et je voulais m'être toutes les chances de mon côté. Caroline était élève au lycée de Nzeng- ayong, j'avais le béguin pour elle. J'étais tellement épris d'elle que mes pensées quotidiennes avaient le parfum de son visage. C'est par le canal de Blandine qui était une jeune fille, voisine à nous que j'adressais souvent des petits mots d'amour à Caroline. Par une maladresse impardonnable, un jour, après avoir aidé Blandine sur un exercice de mathématiques, je lui avais demandé une de ses photos qui se trouvaient dans son livre de Maths, sous l'impulsion de mes amis qui l'affectionnaient beaucoup. Me l'ayant donné, cette dernière, volontairement avait répandu la nouvelle auprès de ses copines, jusqu'à ce que cela parvienne aux oreilles de ma petite amie Caroline. Cette dernière après avoir entendu la rumeur, s'était rendue chez moi, ayant le double de mes clés, et trouva la fameuse photo de Blandine posée sur la table de la pièce à vivre. Elle conclut ainsi, que je lui étais infidèle et avait décidé de rompre sans écouter ma version des faits. Je n'avais plus de ses nouvelles. J'étais empli d'un chagrin indescriptible. Ébranlé et inconsolable, j'ai failli me laisser aller…

Heureusement, j'eus le soutien de mes amis et d'un de mes frères qui était toujours à l'écoute de mes sollicitudes.

De cette histoire rocambolesque, j'avais beaucoup appris. J'étais transformé.

Je rencontrai ainsi, au hasard des émotions d'un après- midi, Maguy. Nos atomes avaient accroché et nous décidions de sortir ensemble. De cette liaison, est né un enfant, mon fils Viny, en Janvier 2003. A la même année au mois de Juin, mon grand- frère aîné Samuel décéda. Il laissa une fille, qui se prénomme Luigie. J'étais abattu, car, il était très présent dans ma vie. C'était lui qui m'avait donné la passion des arts- martiaux. Il était champion du Gabon de boxe, pratiquant de karaté, kungfu, aïkido. Passionné d'art pictural, il a fait sa formation à l'Ecole Nationale d'Art et Manufacture (ENAM). Il enseignait l'art- plastique à Franceville dans le Sud du Gabon. Il régnait un climat de tristesse constante après le décès de mon grand- frère aîné. Puis, l'année qui suivait, je perdis mon fils, un 14 Décembre. J'étais dévasté, comme si un destin odieux cheminait à mes côtés.

Je pris la résolution de veiller sur mes cadets en mémoire de mon aîné disparu. C'est ainsi, que j'étais proche de mon frère Patrick. C'était un petit garçon discret, d'une intelligence édifiante, pour qui mon estime ne tarissait pas d'éloges.

Il fit un parcours scolaire exceptionnel, mais avait fait le choix de tendre vers l'univers musical. Aujourd'hui, c'est un des meilleurs Dj de Libreville au Gabon, sous le pseudonyme de Dj Pharaon d'Urban Fm. J'ai toujours été en admiration pour son génie. De même, pour mon neveu, fils de ma sœur aînée, Johann. Jeune garçon dégourdi, passionné de littérature, qui avait obtenu au baccalauréat série A1, la mention très bien. Aujourd'hui, il fait partie du groupe Adzo slam de Libreville avec un album en préparation.
Les années d'études supérieures m'ont forgé l'esprit. Mon arrivée en France, m'a fait prendre conscience de beaucoup de choses. Et j'ai grandi.

J'ai grandi de par mes erreurs du passé.
J'ai grandi de par la persévérance,
l'obstination de mes objectifs, de mes
desseins à atteindre. Ma relation avec
Maguy continua, après mon arrivée en
France. Mais, la distance et l'éloignement
n'ont pas facilité nos liens délicats.

Je m'installais en France, et quelque temps
après, j'eus une idylle et nos attaches se
dénouèrent.

La vie en France, n'a jamais été aussi
facile. Chaque jour épousait une humeur
différente et je pensais souvent aux miens
restés au pays, mais aussi à la situation
socio- économique de mon pays…

Je croyais à mes choix, bien que la réalité
en France très vite me rattrapa. Je fus une
des plus belles rencontres de ma vie, lors
du premier classico Réal de Madrid contre
Le Barça en 2012. Au cours d'un échange
de commentaire sur Facebook, je fis la
connaissance d'une fille exceptionnelle,
Liziane.

Elle était très ravissante et passionnée de foot, elle résidait à Grenoble. Soutenu par un ami, je décidais de la contacter. Nous eûmes des échanges fréquents et un an plus tard, on se donnait rendez- vous à Paris. Cette première rencontre avec Liziane, m'avait permis de me situer par rapport à ma vie sentimentale. Elle me fascinait. J'étais épris d'elle et mon cœur passionné ne pouvait plus se passer de ses yeux angéliques. Un amour réciproque, beau et merveilleux naissait. Je la rejoignais souvent à Grenoble. Belle ville au charme idyllique, avec ses panoramas de monts admirables. Puis, des rendez-vous ininterrompus aux balades en amoureux dans les ruelles de Paris, d'un commun accord, nous décidions de nous mettre ensemble, de tenter le charme de couple. On vit aujourd'hui plus qu'une idylle une relation merveilleuse et sereine, je l'aime d'un profond amour, elle est le pilier incontestable de notre chaume.

Elle est mon épaule constante où, je couche ma nostalgie quand l'hiver nous rappelle en refrain rafraîchi, d'où l'on vient. Auprès d'elle, la quiétude m'habite. Et chaque jour, je lui témoigne attachement, sincérité et gaieté. Cet équilibre sentimental, m'a permis de me projeter avec clarté et résolution. Aujourd'hui dans mon foyer, je suis un homme allègre.

IV

LOIN DES MIENS

Je me remémorais des années collège et lycée, des années laborieuses passées à Maths Sup et lorsque j'étais admis à l'Ecole d'ingénieur ESME Sudria à Ivry Sur Seine, je compris que la clé de la réussite passait par des efforts éléphantesques. Et, je repeignais dans ma mémoire ces moments plein d'émotion et de joie. J'arrivais en France ! La France dont j'avais longtemps rêvé, la France qui m'ouvrait ses bras et me souriait. Qui l'aurait cru ! Moi, le petit garçon de l'école primaire d'Awendjé. Moi, le cinquième d'une famille modeste d'une dizaine d'enfants. Moi, qui avais toujours gardé ce pari fou, de voir Paris sous son grand manteau de neige. Je fus ainsi, accueilli par mon Oncle Francis qui me fit découvrir à quel point, elle était grande ma famille en France. Je rencontrais, à cet effet, mes oncles, mes tantes, mes cousins et cousines, ma famille simplement…
Je me réconfortais d'avoir trouvé si loin des miens une autre famille, un soutien. Le choix de l'ESME, était en partie à

cause de la ville de Paris. Je rêvais d'être à Paris, mais très vite, je fus rattrapé par mon choix. En 4ème année d'étude, je redoutais clairement ma formation. Et d'une année à une autre, je me perdais dans mon orientation. Après, de longues réflexions incommodes, je me décidais de changer d'école. Cette décision m'emmena à reprendre ainsi le cycle d'ingénieur. Je m'inscris alors à EPITA. Ma spécialité au préalable fut la Sécurité réseaux, puis, après mon redoublement en 2ème année, je choisis de me réorienter en spécialité Réseau télécom tout en restant intéressé par la sécurité réseaux. Au sortir de cette formation, je fis un stage de validation d'acquis en sécurité système et je décidais à cet effet, de travailler dans le domaine de la sécurité système orienté vers le fonctionnel. Petit à petit mon projet professionnel se dessinait.

Je rentrais dans la vie active désormais. Les rêves d'hier laissaient place aux réalités du quotidien. J'étais devenu ingénieur réseau télécom. Consultant sécurité pour les grands comptes à Paris. Très orienté vers le fonctionnel avec des compétences techniques, je me suis spécialisé dans l'analyse des systèmes d'information ; son architecture, et leur sécurisation. C'est un métier très prometteur, florissant et passionnant qui me permet chaque jour de faire des rencontres, de m'ouvrir à de nouvelles personnes, découvrir de nouvelles technologies, mais surtout de vivre une réelle passion. Le métier de consultant reste très varié dans son champ d'action. Il peut s'agir d'intervenir chez un grand compte et l'aider à se concentrer sur son cœur de métier. Pour exemple, le cœur de métier d'une banque, est la gestion des biens financiers, des personnes.

En mission chez BNP, j'avais pour tâche au quotidien de m'assurer de la conformité de configuration des équipements réseaux mais aussi de la rédaction de politique de ses équipements…

V

MON UNIVERS ASSOCIATIF

J'ai toujours eu envie de me construire, de me définir, de bâtir un projet commun autour des personnes partageant des idées analogues. C'est ainsi qu'est né en 2009, l'association ACTIONS PREPAS GABON (APG), par la collaboration d'un petit groupe d'étudiants et anciens étudiants des classes préparatoires de Maths Sup du Gabon, dénommée « Taupins ».

Cette association apolitique et à but non lucratif a pour rôle de fédérer les étudiants de Maths Sup du Gabon, de maintenir l'esprit de cohésion, de solidarité en France et ailleurs. De partager la culture Gabonaise. La présidence de cette association fut prise pour la première fois par Patch, qui est un des membres fondateurs et faisait partie de la même promotion que moi.

YANN TCHIBINDA PROMO 2004/ 2006

PRESIDENT D'ACTIONS PREPAS GABON
2009/2012

A cette période, je n'étais que simple membre actif. C'est ainsi, que pour la première sortie officielle de l'association, nous organisions une soirée de Gala à l'occasion des 20 ans des classes préparatoires scientifiques du Gabon. Cette soirée eut lieu à Paris en présence de certains médias locaux de la diaspora, de certaines personnalités, de certains artistes Gabonais, résidants en France, à l'instar du groupe Movaizhaleine, de l'artiste humoriste et écrivain Jannys Kombila (Fabio), de L'artiste interprète musicien JeaRian Ondo, de Nanda la Gaboma etc. Cette soirée commémorative eut un succès sans nom comme le témoignèrent les 250 convives présents et marqua la fin du mandat de la présidence de Patch.

SOIREE DE GALA, 20 ANS MATHS SUP

Depuis sa création en 2009, ACTIONS PREPAS GABON c'est :

- ❖ Un Conseil d'Administration avec 4 membres permanents et 3 non-permanents avec des mandats de 3ans.
- ❖ 5 présidents qui se sont succédés et je suis le 5e.
- ❖ Plus de 650 membres issus d'horizons divers étudiant ou non des Maths Sup du Gabon.
- ❖ Plus de 400 ingénieurs dans plusieurs secteurs répartis majoritairement en France.
- ❖ Plus de 50 étudiants accompagnés durant leurs études en France grâce aux différents projets réalisés.
- ❖ Environ 10 projets majeurs dans l'année.
- ❖ Plus de 20 chefs d'entreprises membres de l'association.
- ❖ Plus de 100 bénévoles pour la réalisation de nos projets.

Chaque année, au début du mois de juillet, une nouvelle promotion de Taupin arrive en France. L'occasion pour ces nouveaux arrivants de découvrir un autre univers. Outre celui des réalités estudiantines inhérentes aux démarches administratives de la France, mais aussi, celui du réseau des Taupins qui compte déjà depuis sa créations plusieurs centaines d'étudiants issus des classes préparatoires de Maths Sup du Gabon. A cela, nous faisons un petit rappel historique de la création de cette institution pédagogique et scientifique.

Les classes préparatoires scientifique du Gabon sont créées en 1991, depuis c'est environ 650 étudiants et anciens étudiants qui ont suivis ce parcours.
Arrivé en France, le Taupin intègre une école d'ingénieur de son choix en fonction de la formation et de ses aspirations professionnelles. Alors, au bout de trois années de cycle ingénieur, son diplôme d'ingénieur obtenu, Avec l'aide du réseau ou pas, le Taupin est recruté dans

différents domaines et secteurs d'activités en France. Ainsi, plus de 80% des TAUPINS trouvent un emploi on ne peut plus stable, selon les offres du marché de l'emploi en France. ACTIONS PREPAS GABON se veut donc être une association leader dans l'encadrement des étudiants issus du Gabon en général et issus des Maths Sup du Gabon en particulier pour leur orientation dans le choix de leurs études depuis la classe de terminale, le choix de leurs formations après le Bac et le choix de leurs métiers après leur formation.

Le désir d'être au service des miens et aider mes semblables m'a longtemps animé. Aspirer à la présidence d'ACTIONS PREPAS GABON, n'a jamais été un souhait né d'un orgueil à l'égard de mes prédécesseurs, mais, simplement la volonté de construire ensemble une bâtisse pour les futures générations afin de marquer d'un symbole fort, l'aspiration de cohésion, de solidarité et de dynamisme de ce grand réseau des étudiants issus des classes préparatoires de

Maths Sup.

Être président d'une association c'est aimer la diversité. La diversité dans la fonction de président demande souvent une connaissance dans des domaines très épars. Le président est un homme, avec ses déficiences et ses atouts. Il peut être volontaire, charismatique, entreprenant, conciliant, tolérant... Il reste tout de même lié aux choix et décisions communes de son entourage d'ouvrage. Cette fonction est sans aucun doute peu banalisante sans que l'on puisse dans un simple ouvrage en quelques lignes décrire de façon exhaustive toutes les qualités et les fonctions qui lui sont consacrées.

Je suis élu président de l'association ACTIONS PREPAS GABON le 14 janvier 2017. Après avoir longtemps servi l'association comme membre permanent et actif. Depuis, mon installation à la tête de cette association, j'ai défini avec le concours de mon bureau exécutif, un certains nombres de projets, pour certains réalisés et pour d'autres en cours. Pour ce mandat, mon bureau se compose des personnes dont la confiance dans l'ouvrage ou le labeur ne saurait être une inconstance. Il comprend majoritairement des étudiants ou anciens étudiants issus des classes préparatoires de Maths sup :

- Secrétaire Général : Wandrille OKONGO, ancienne étudiante de Maths Sup du Gabon, promotion 2012/2014.
- Trésorière : Rebecca NTSAME, ancienne étudiante de Maths Sup du Gabon, promotion 2013/2015.
- Responsable Communication : Worphy BIMBOUSTA, ancienne étudiante de Maths Sup du Gabon, promotion 2013/2015.
- Chef des projets : Lawrence KOTHA, ancienne étudiante de Maths Sup du Gabon, promotion 2012/2014.

Comme tout choix, j'ai sollicité la collaboration de certains étudiants afin de leur permettre d'acquérir savoirs, savoir-faire et savoir- être, et de construire avec leur compétences nouvelles, ensemble ce grand réseau… Un bureau exclusivement étudiant avait pour objectif de faire gagner aux étudiants l'expérience dans plusieurs domaines, gestion d'une association, création et gestion de projet, management des ressources humaines etc.

Dès ma prise de fonction le 14 janvier 2017, mon équipe et moi avions à cœur de réaliser des projets qui vont dans le sens des besoins identifiés dans notre réseau. A ct effet, J'ai rapidement mis en place LE PROCESSUS D'INTEGRATION : c'est l'ensemble des étapes par lesquelles devrait passer un étudiant qui arrive en France afin d'acquérir les bases nécessaires à sa formation et même à son métier avenir. Sous forme d'une série d'atelier, dès le début du mois de Juillet, les étudiants sont invités à prendre part à L'ATELIER D'ORIENTATION.

ATELIER D'ORIENTATION 2ème EDITION
2017

Cet atelier qui se déroule en une seule après-midi sous les premières formules, devraient permettre à l'étudiant de choisir judicieusement sa formation. Aussi, notons que les étudiants de Maths Sup, arrivés en France en juillet valident une liste d'école et doivent, dès fin juillet choisir l'école dans laquelle ils souhaitent poursuivre leur étude. Sans connaissance aucune, pour certains, ou une information très sommaire pour d'autres, de ce qui se fait dans ces écoles, beaucoup choisissent leur école en fonction des idées reçues. Comme exemple, Le choix de la ville de Paris pour poursuivre les études leur est déconseillé au profit des établissements ou écoles situés en provinces. Ou, pour certains cas isolés, le choix s'effectue en fonction de l'école estimé au préalable par son cacique, son hiérarque (se dit d'un étudiant qui est au niveau $n+1$). D'autres en revanche, penchent en fonction de la propagande que ferait son professeur pendant les deux années de Maths Sup. Cela va sans dire que le choix véritable d'un étudiant reste indécis jusqu'à ce qu'il touche du doigt, car il ne détient toujours pas les bonnes informations relatives aux différentes écoles où il souhaite s'orienter après ses années passées à Maths Sup. C'est à cela que se définit le rôle de L'ATELIER D'ORIENTATION qui a donc pour vocation d'informer les nouveaux étudiants :

> De ce qui est fait dans les écoles sollicitées
> Des débouchées dans le monde du travail en France et au Gabon
> De comprendre précisément à quoi consiste le métier d'ingénieur
> De rencontrer les anciens étudiants de Maths Sup passés par différentes écoles, ceux devenus cadres ou chefs d'entreprise…

Après une expérience de projet en 2016 avec la promotion 2014/2016 qui a vu la participation de seize étudiants et trois anciens dont moi-même, nous avons renouvelé le procédé en 2017 avec beaucoup d'amélioration et la participation de plus de quarante-sept personnes dont la majorité de la promotion 2015/2017 et plusieurs anciens venus témoigner de leur retour d'expérience aux étudiants.

L'ATELIER D'ORIENTATION 2018 promet encore des innovations étonnantes. Une nouvelle formule en mode salon découverte toute la journée, des conférences, des débats et échanges sur des thèmes relatifs au métier d'ingénieur seront mis à l'honneur. De même que des informations sur plusieurs secteurs d'activités ouverts au marché de l'emploi, des débouchés en France et au Gabon.

LE PROCESSUS D'INTEGRATION

comprend également L'ATELIER CV & ENTRETIEN.

ATELIER CV ET ENTRETIEN 2017

Nombreux sont nos étudiants qui ne savent pas rédiger un bon CV, qui ne savent pas où chercher un stage, un job ou un emploi. De même qui n'ont pas reçu les bases pour la préparation et la réussite d'un entretien d'embauche.

Cet Atelier qui se fait systématiquement en octobre de chaque année vient peu de temps avant que les étudiants de 1ère année ne soient invités par leur école à chercher un stage découverte. Ceux de 2ème année leur stage de technicien et ceux de 3ème année, celui de jeune ingénieur. Après une expérience en 2016 et la participation d'environ quinze étudiants et trois anciens salariés venus jouer le rôle de recruteur, en 2018 nous avons amélioré la qualité de l'atelier. Cette année, nous avons eu la participation de 3 professionnels du métier RH.

Cet atelier se définit en 4 phases :

➢ Comment faire un bon CV (présentation magistrale)
➢ Comment préparer un entretien (présentation magistrale)

- ➢ Comment chercher son stage, job, emploi (Retour d'expérience de nos RH invités)
- ➢ Simulation d'entretien (mise en situation avec les anciens étudiants et les RH présents pour préparer l'étudiant)

En 2018, nous avons compté plus de quarante- huit participants, soit une croissance de plus de 100% par rapport à l'année dernière.

ACTIONS PREPAS GABON multiplie également des occasions de fédérer ses membres.
En avril 2017, nous avons organisé, pour la 1ere fois LA CHAMPIONS LEAGUE DES TAUPINS, un tournoi de foot confrontant l'ensemble des promotions depuis 1991 date de création des classes préparatoires du Gabon.

LEAGUE DES TAUPINS 22 AVRIL 2017

Durant toute la journée, les équipes de sept joueurs par promotion s'affrontent et pour cette 1ère édition, la promotion 2011/2013 s'est imposée.

Ce tournoi était à la fois l'occasion de retrouver l'ensemble des étudiants et anciens étudiants de Maths Sup du Gabon, mais aussi a permis d'échanger et de créer une synergie. Pour cette 1ère édition, c'est 168 personnes qui ont effectuées le déplacement.

TROPHEE DE LA LIGUE DES TAUPINS 2017

Outre LA CHAMPIONS LEAGUE DES TAUPINS, chaque année et ce depuis la création des classes préparatoires du Gabon, le cacique est en France depuis une année déjà, il a pour mission d'organiser la JOURNÉE BLEU KASSIK, afin de souhaiter la bienvenue à son bleu (l'étudiant nouvellement arrivé en France depuis seulement 1 mois). La mythique JBK est organisé par le cacique et ACTIONS PREPAS GABON accompagne ce dernier. Le tout commence par un petit déjeuner le matin, suivi d'un match de foot à but caritatif puis le déjeuner apprêté par le cacique. Le tout dans une ambiance conviviale avec nos amis TAUPINS ou pas.

La JBK 2017 a instauré un système de parrainage : chaque bleu se voit attribuer un ancien préalablement choisit par le bureau de l'association et qui a pour responsabilité d'être le référent du bleu pendant une année.

Le parrain doit être ancien étudiant de Maths Sup, avoir au moins 5 ans de résidence en France et être salarié. L'étudiant quant à lui a le devoir de contacter régulièrement son parrain pour lui faire part de son intégration dans sa ville, l'évolution de ses résultats scolaires et les difficultés qu'il rencontre au quotidien dans sa nouvelle vie estudiantine.

JBK JOURNEE BLEU KASSIK 2017

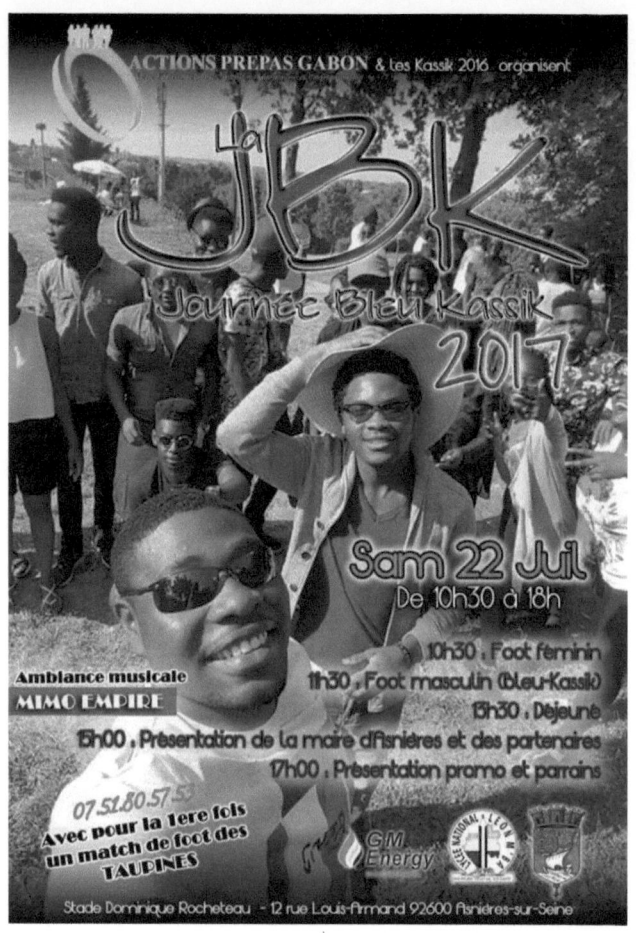

Dans le cadre de l'essor des différentes activités de l'association ACTIONS PREPAS GABON, en fin d'année s'est tenu le GALA CLASS 2017. Afin de clore l'année en beauté, nous avions eu envie de renouveler l'expérience de la 1ère édition de 2012 et partager avec les anciens et les nouveaux arrivants, une soirée récréative et conviviale dans un cadre prestigieux. Ce fut ainsi, une cérémonie couronnée d'émotion et de réussite dans son ensemble. Cette 2ème édition marquera la volonté de l'association à poursuivre dans un élan de dynamisme tous les projets dont elle s'est fixée à l'orée 2020.

LE GALA CLASS 2017

Pour cette 2ème édition dénommé GALA CLASS 2017, nous avons noté plusieurs innovations :

❖ Le GALA a été financé entièrement par les membres de l'association.

❖ Nous avons eu la participation de 6 artistes à savoir : Le mythique groupe de rap Movaizhaleine (MH), la chanteuse Tita NZEBI, l'humoriste Charly NYOBE sorti du Jamel Comédie club, la slameuse NANDA La Gaboma et le comédien Jojo.

GALA CLASS 2017

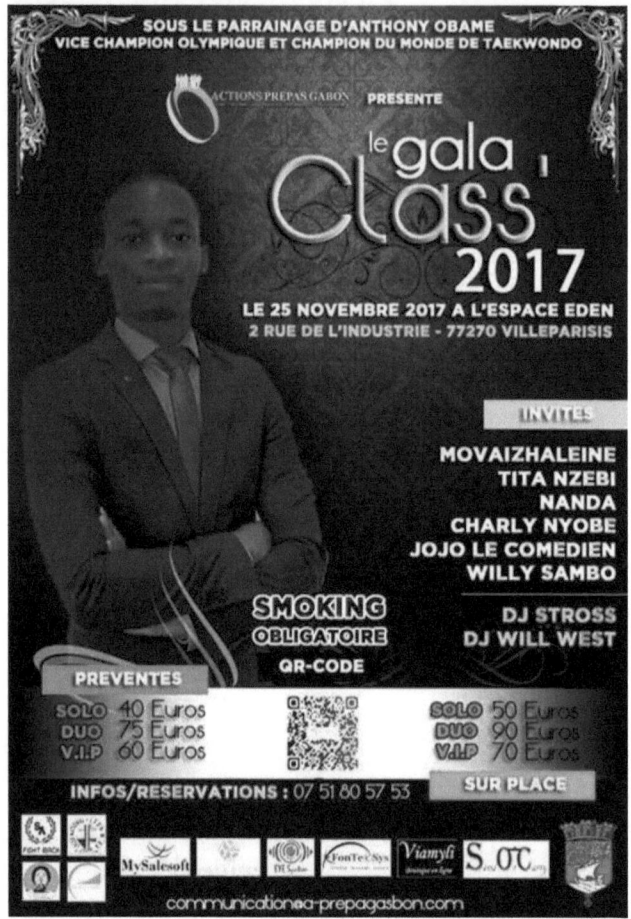

Dans la continuité de ses activités :

ACTIONS PREPAS GABON a initié le trophée AWARDS TAUPINS, le trophée qui récompense les efforts de toute la diaspora Gabonaise en France durant l'année, les porteurs de projets.

Pour la 1ère fois, le GALA a eu l'honneur d'avoir Monsieur Anthony OBAME, Vice-champion olympique et champion du monde de Taekwondo comme parrain de l'événement.

La présence des membres d'honneur à savoir :

-Madame Cadiso OUEDRAOGO, vice-président de l'association LACEB, l'association des Cadres et cadres En devenir Burkinabé.

-Monsieur Boubacar YATARA, président de l'association ADEM, Association des Diplômés et Etudiants Malien

-Madame Eugénie DIECKY, journaliste chevronnée et incubateur pour les porteurs de projet.

Le partenariat établi avec 11 entreprises toutes étant des entreprises des anciens étudiants de Maths Sup du Gabon

Les actions menées par l'association depuis sa création sont multiples et diverses. Avant ma prise de fonction, j'accompagnai les étudiants de la promotion 2012/2014 dans la réalisation d'un projet qui leur tenait à cœur. Celui d'enrichir la bibliothèque des classes préparatoires Maths Sup du Gabon d'ouvrages scientifiques et variés. Une cagnotte fut lancée à cet effet dans le réseau des anciens étudiants de Maths Sup. Et cela a permis de récolter plus de 2.000€. Ainsi, en collaboration avec les professeurs de Maths Sup au Gabon, une liste de livres a été dressée, achetée et acheminée vers le Gabon pour le compte de l'association ACTIONS PREPAS GABON.

VI

A CŒUR DE PLUME

A Toi mère !

Je t'aime mère,
Avec ton sourire charmeur
Tu es une mère à la gaieté d'humeur
Une mère que je vénère
Jusqu'à ce que je meurs
Je t'aime mère

Je t'aime depuis mon plus jeune âge
Par ces mots je veux te rendre hommage
Avec ta peau couleur ébène
Et ta beauté noire africaine
Tu es une mère aux qualités saines
Pour moi, tu n'es rien d'autre qu'une
reine

Femme unique, tu vis mes premiers pas
Année après année tu ne me lâches pas
Je t'aime mère et avec les années ça ne
change pas
Après m'avoir donné le souffle de vie
Tu t'es battu chaque jour
Pour satisfaire mes envies
Je te souhaite une longue vie

Tu m'as appris à manger
A marcher et à parler
Tu m'as appris à courir
Bondir et sourire
Mon amour toi est immatériel
Un amour permanent et éternel
Cet amour exceptionnel
Anticonceptionnel

Je t'aime mère
Mon amour n'est pas amer
Il est aussi grand que la mer
J'aimerai ne plus grandir
Pour ne plus te voir vieillir
J'aimerai peindre ton visage
Comme Samuel et l'embellir
J'aimerai être ton chérubin t'éblouir
Mais, lis ces mots plein d'importance
Qu'on oublie de dire à celle qui nous a
donné naissance
Au risque de regretter notre silence

Je t'aime maman.

Écoute mon silence.

Écoute le silence de la nuit qui précède le lever du jour
Écoute le chant du coq au lever du jour
Écoute le silence, des hommes, des femmes et enfant qui vaquent chaque jour
Écoute mon silence car il fait du bruit, de nuit comme de jour.

Des cris de ta première inspiration, signe de ton arrivée parmi nous
Des cris de joie lorsque tu valides une étape de ta vie
Des cris de tristesse et de pleure quand soudain tu n'es plus avec nous
Des cris de transformation après ton exuvie

Ecoute !

Ecoute ce silence qui nous accompagne

Ecoute ce silence qui traverse la campagne

Ecoute ce silence comme un bruit de champagne

Ecoute !

Ecoute le silence qui fait du bruit
Ecoute le silence qui ne détruit pas, mais qui construit
Ecoute le silence qui transperce mon ouïe et instruit

Ferme tes yeux, et voyageons ensemble
Suis- moi dans les quatre coins du monde
Du nord au sud, ces injustices ineffables
De l'est à l'ouest, l'Afrique est victime des pires indignités
Ferme tes yeux pour ne pas voir ces atrocités
Ferme tes yeux et profite de ces moments de félicité
Allonge-toi sur mon silence
Et pose ton âme ardente
Pour que ce grand vide s'avance
Sans qu'aucune pensée l'encombre

Chut! Ecoute mon silence!

Né pour t'aimer.

*J'aurai aimé t'le dire en face mais pas
d'bol je te l'ai écrit
J'te ferais passer pour morte si j'disais
depuis quand je suis parti
Tu donnes une touche particulière à ma
vie, sans répit
Je suis obligé de t'écrire ces mots pour te
dire combien je t'aime maman!*

Refrain (x2)

*Je suis,
Né pour t'aimer,
Né pour te protéger
Né pour te dire combien tu comptes pour
moi.*

*Je sais que mes présents ne remplaceront
jamais ma présence*
*Je sais que le temps a courbé des lignes
sur ton visage*
*Je sais qu'avec l'âge je deviens plus sage
et arrache le respect que je mérite à ceux
qui le mérite*
*Je ne vais pas te charmer ou encore te
mythoner*
*Mais qu'on me dise que t'as des vilains
défauts franchement ça va m'étonner*
*Laisse les jaloux jactés pour moi, tu es la
meilleur des mamans*
*Donc pour toi ce matin, j'ai prié, j'ai crié,
j'ai trié quelques mots pour te dire
combien de fois tu comptes pour moi*

Refrain (x2)

Je suis,
Né pour t'aimer,
Né pour te protéger,
*Né pour te dire combien tu comptes pour
moi*

Mon vœux le plus chère est que t'es une longue vie donc pour ça

J'ai dit au destin d'être constant il ne m'a pas écouté

J'ai appelé le ciel à l'aide ça sonnait occupé

J'ai demandé au temps une pause il était pressé

Alors je me suis dit que je dois veiller sur toi et je ne sais pas simuler

Ne m'en veux pas d'être parti car tu je suis né pour t'aimer

Ne m'en veux pas d'avoir été silencieux car je n'ai jamais cessé de t'aimer

Ne m'en veux pas d'être ainsi expressif car je suis né pour te protéger

*Tu apportes une touche particulière à ma
vie
Et, Johann m'a dit que les vraies preuves
d'amour sont petites... et il sait qu'il
compte beaucoup dans ma vie!
Je vais donc en rester là et te dire que*

Refrain

*Je suis,
Né pour t'aimer,
Né pour te protéger,
Né pour te dire combien tu comptes pour
moi*

Qui es-tu?

La vie est un vêtement blanc qui est tout le temps tacheté
Fais attention à ce que tu fais de peur de te retrouver dupé
Car dans cette vie les intellects sont toujours au-dessus des dupons
Tu remarqueras qu'il y' a ceux qui font et ceux qui sont faits
Ceux qui font ceux qui sont fins
Ceux qui sont forts et ceux qui sont faibles
Ceux qui sans fin sont faits sans fond
Ceux qui s'enfilent et ceux qui s'en foutent
Ceux qui s'enfuis et d'autres qui s'enfuient
Ceux qui sont fous et ceux qui sont fourbes

Il y' a ceux qui sont chieurs
Et....ceux qui font chier!!!!
A toi de voir là où tu veux normalement te situer

À toi de voir si tu veux être le Roméo qui accepter d'être tué?

*Ou cet homme politique que tout le monde
veut destituer
Mieux encore, veux-tu être celui qui donne
ou celui à qui on va restituer?
Car "notre existence n'est pas vouer à
l'échec" évitons d'y mettre des "peut-être"
Cherchons à savoir qui nous sommes pour
mieux décider de qui nous voudrons être*

*Es-tu ce vieillard qui chaque soir ressasse
des souvenirs?
Es-tu ce milliardaire mercantile qui ne se
lasse pas de voir des sous venir?
Es-tu une personne admirée ou une
personne admirable?
Es-tu une personne honorée ou une
personne honorable?
Es-tu une personne remarquée ou une
personne remarquable?
Es- tu une personne respectée ou une
personne respectable!?*

*Est tu simplement indécis ou totalement
imbécile!!
Qui es-tu ?*

Rêve.

C'est parti pour un long voyage avec
Morphée
Un long voyage silencieux dans les bras
de Morphée
Un voyage ou la parole n'a pas sa place
Et des souvenirs qui montent à la surface

Un voyage vers d'autres paysages
Ceux d'un âge d'or dont je me souviens
Où tu peux entendre l'écho de ces envies
diluviennes
Et ces espoirs d'apprentissage

I have a dream
Que les rêves étaient devenus réalités
Que la jeunesse était sacrée
Que l'éducation était le pilier de la
société
Que les malades étaient respectueusement
soignés
Que nos mamans étaient heureuses
d'accoucher
Que la population était en sécurité

*Que les jeunes entrepreneurs étaient
encadrés
Que les crimes rituels n'étaient pas une
réalité
Que les religions importées n'étaient plus
respectées
Que nos langues ont été nationalisées
Que l'ainé qui protège le cadet n'était pas
une absurdité
Que la liberté d'expression était une
légalité*

*J'ai fait un rêve,
Pour ne pas dire l'amertume qui
transforme en venin ma liqueur poétique
Pour ne pas dire mes luttes pathétiques
aux contours elliptiques
Des luttes contre ces dirigeants
autocratiques
Qui font naitre ces âmes au comportement
critique
J'ai fait un rêve,
Ecrire un slam sans parole
Un slam pour le sang qui s'écoule dans le
pays sans bruit comme du pétrole
Pour l'esclavage qui constitue notre
héritage*

Pour tous ces génocides et les guerres qui
ne font pas de tapages

Telle une fine lame
J'étale mes paroles de lame
En plein milieu de cet éveil
Je pointe mon doigt accusateur
Les messages non-dit sont les orfèvres du
silence
C'est ce qu'on ne vous dit pas
qui a le plus d'importance
Les âmes noyées de chagrin viennent
gonfler ce courant d'espérance

J'ai fait un rêve et je vous en parle comme
la quintessence de mon essence.

Trevor & Graziella.

Si je prends la parole devant vous ce soir,
C'est pour vous raconter une petite
histoire,
L'histoire de deux p'tits loups qui nous ont
réunis ici.
L'histoire de deux p'tits loups qui se sont
dit OUI, aujourd'hui.
C'est une union pas banale,
D'un grand TAUPIN et d'une grande
dame.
Ils se sont unis pour le meilleur et pour le
pire
Mais avec eux, c'est surtout le meilleur qui
est à venir.

Refrain :
C'est une histoire qui s'écrit
Une page qui s'ouvre et des éclats de rire
C'est une histoire plein d'avenir
Une page nouvelle et que de beaux
souvenirs
Commençons par chacun des
protagonistes,
Et penchons-nous si vous l'voulez bien
Sur leurs principales caractéristiques.

D'un côté, nous avons la grande GRAZIELLA

1,50m, mais une bonne dose de bonne humeur !

Si vous n'me croyez pas, allez donc lui demander la thérapie du rire,

J'vous garantis un moment d'fou- rire et d'bons délires.

Cela dit, elle sait aussi s'montrer autoritaire,

La preuve, elle l'a convaincu de dire OUI à la mairie

Parmi ses qualités, citons sa générosité, la bonne humeur et sa créativité

L'autre côté, TREVOR l'ex-petit ami de Graziella,

Aujourd'hui son mari

Il rit, car il se souviendra de cette date à vie

Un de plus, vient de s'engager dans une belle galère euh croisière !

De nationalité Gabonaise/TAUPIN,

Il n'est pas fan du Barça mais de MUNADJI 76

Il ne passe pas inaperçu, il parle fort

Il est souvent sûr de lui, il a rarement tort

Fini le pougnè, tu peux savourer ce jour
unique Trevor
Parmi ses qualités, on pourra surtout citer
Son ingéniosité à esquiver les cagnottes
même pour aider la société !

Refrain :
C'est une histoire qui s'écrit
Une page qui s'ouvre et des éclats de rire
C'est une histoire plein d'avenir
Une page nouvelle et que de beaux
souvenirs

Pour continuer, laissez-moi vous conter,
La manière dont ils se sont rencontrés.
Ils habitaient dans la même résidence et
étaient tous les deux voisins
Et par l'intermédiaire des soirées qu'il
organisait, ils sont très vite devenus
copains.
Trevor tomba sous le charme de la
demoiselle,
Il essaya maintes et maintes tentatives afin
de séduire la belle
Le travail était très compliqué, mais la
belle accepta la bête !

On se souviendra surtout de cette soirée dans la résidence Pléiade
Si vous ne connaissez pas, je leur laisse le soin de vous expliquer.
A partir de ce moment, ils se sont donc rapprochés,
Pour leur bonheur, ils se sont accrochés
Et de fil en aiguille, ils ont fini par emménager
Et la magnifique Zoé vint au monde
Rouen 2009 où tout a commencé
Et maintenant, ils ont atterri en île de France où tout s'est concrétisé.

*Voilà, vous connaissez toute l'histoire de
leur union.
Avant de m'arrêter, j'aimerais juste leur
souhaiter
Tous mes vœux de bonheur et aussi les
remercier,
Car ces deux p'tits loups sont des
personnes chères à mon cœur,
Je souhaite que vous soyez toujours
présent pour eux, et ce quelle que soit
l'heure.*

*Refrain :
C'est une histoire qui s'écrit
Une page qui s'ouvre et des éclats de rire
C'est une histoire plein d'avenir
Une page nouvelle et que des beaux
souvenirs.*

VII

JUSTE UN MOT…

Le sport et moi, ça a toujours été une histoire de passion et de conviction. Au-delà de mon métier, je suis passionné de sport en général et du Taekwondo en particulier. Pratiquant de Taekwondo depuis plus de 15 ans, je fis des compétitions internationales depuis mon arrivée en France et où je trouve un meilleur cadre pour me préparer. En 2007, j'ai l'honneur de préparer les jeux africains avec l'équipe du Gabon à partir de ce moment, ma carrière internationale prend un tournant ; je vise les qualifications aux jeux olympique… c'était sans compter une blessure.

Les années passent et ne se ressemblent pas. Plusieurs fois, j'ai regardé dans le rétroviseur de ma vie et j'ai vu les maladresses qui se sont enchaînées. De par ces erreurs du passé on apprend, dit une sagesse populaire.

Alors, arriva le déclic, je me suis dit à ce propos, qu'il était important d'enseigner aux autres afin de leur éviter d'emprunter les mêmes sentiers d'erreur…

La réussite pour moi, passe par un nombre de choses. Laisser une marque, une trace, un souvenir. Si, je dois partir un jour, je voudrais m'en aller sur une note positive. Laisser en témoignage un livre, un objet marquant à l'instar de Steeve Jobs. Partir et laisser une continuité de moi, de ma présence, de ce que j'aurais accompli dans cette vie. Je voudrai être et de demeurer un homme intègre, humble. Faire du bien autour de moi. Pour ma part, la richesse ne fait pas la réussite d'une vie. C'est ma philosophie existentielle. Chaque jour de ma vie, j'apporterai du mien pour le bonheur et le bien- être d'autrui.

Mon souhait le plus noble est que notre patrimoine culturel au Gabon soit préservé. Que nos traditions recouvrent leur essence et la place qui leur reviennent de droit au détriment des religions importées. J'ai été témoin de Jéhovah, je ne remets pas en cause cette éducation et enseignement religieux reçus. Je dénonce simplement la perte de nos valeurs culturelles intrinsèques. Les langues aujourd'hui s'oublient et la question de l'identité ethnique devient un discours oiseux. Nous nous devons de nous inscrire à l'heure comme des défenseurs et protecteurs de nos us et coutumes. Car demain, quel héritage laisseront nous ? Quelle langue sera le témoin de l'histoire de nos origines. En outre, gardons-nous de savoir passer le relai, transmettre le savoir et le savoir- faire comme nous l'avons reçu de nos prédécesseurs.

Et aux héritiers, qu'ils sachent donner comme ils ont reçu, afin de continuer de construire ce grand réseau d'ingénieurs issus des classes préparatoires du Gabon.

Etre Président d'une association, c'est une expérience unique que je souhaite à tout un chacun. C'est aussi, une occasion d'avoir une vue à petite échelle de ce qu'est la gestion d'une entreprise.

En tant que président d'association, j'ai développé de nombreuses qualités telles que la gestion financière, la gestion des ressources humaines, le management etc.

VIII

REMERCIEMENTS

Je remercie tous les bénévoles qui ont participés à la réalisation de ce très beau projet riche en expérience : LE GALA CLASS 2017, ce fut une réussite à tous les niveaux. Merci, pour l'effort commun conjugué, pour la disponibilité, pour la volonté de croire à nos desseins.

Merci à Laure BIBALOU, Ingénieur Data Scientiste et ancienne étudiante de Maths promotion 2008/2010 en sa qualité de chef de projet.

Merci à tous les membres de mon bureau.

Merci à Anthony OBAME d'avoir accepté de parrainer cette 2ème édition, de nous avoir honoré de sa présence.

Merci à toutes les personnes dont les noms ne figurent pas, qui de loin ou de près contribuent à l'essor de l'association.

Merci aux hommes de l'ombre, aux mécènes...

Dans la perspective de l'amélioration des évènements de notre association, nous proposons dans un élan épisodique un agenda d'activités définit comme suit :

- Avril : LA CHAMPIONS LEAGUE DES TAUPINS
- Début juillet : L'ATELIER D'ORIENTATION
- Fin juillet : LA JBK
- Octobre : L'ATELIER CV & ENTRETIEN
- Novembre : Le GALA CLASS

Nous souhaitons que chaque année, l'équipe dirigeante participe à l'amélioration de ces dits évènements en suggérant des réformes possibles.

Moi, président, je souhaite créer une branche solide d'ACTIONS PREPAS GABON à Libreville au Gabon qui devrait avoir des missions clairement définies, à l'instar d'atelier d'orientation pour informer les élèves des établissements secondaires. Et offrir à ces derniers les clés d'une réussite certaines demain.

Moi, président, je souhaite également m'attaquer au secteur économique et permettre aux chefs d'entreprises de la diaspora d'exporter leur solution vers le Gabon.

Enfin, moi, président, je souhaite qu'ACTIONS PREPAS GABON soit l'entité qui s'occupe de l'encadrement des étudiants de Maths Sup du Gabon de leur sélection à leur formation en France en passant par la gestion du corps professoral et la gestion de leur bourse d'étude en France.

© 2018, Simba, Didier
Edition : Books on Demand,
12/14 rond-Point des Champs-Elysées, 75008 Paris
Impression : BoD - Books on Demand, Norderstedt, Allemagne
ISBN : 9782322103522
Dépôt légal : février 2018